Béla Bartók

The Husband's Grief

for voice and piano

Bartók Béla

A férj keserve

Énekhangra zongorakísérettel

Bartók Records

2002

This work was first performed in Budapest
in the year 1968
by Terézia Csajbók, soprano
and Erzsébet Tusa, piano

Important notice: The unauthorized copying of the whole or any part of this publication is illegal.

International Standard Music Number: M-9012001-0-4

Music computer set by Ilona Ámon, Budapest.

Copyright © 2002 by Peter Bartók

Published by Bartók Records, P. O. Box 399, Homosassa, Florida 34487, U. S. A.

All rights reserved. Printed in the United States of America.

Bartók Records No. 701

Preface

This song with piano accompaniment was created as a humorous reaction to an incident the composer witnessed. Written in the winter of 1944-45, it is the last vocal work with piano by Béla Bartók. As a solitary item, it remained unpublished in sheet music form until now; its sketch is enclosed in facsimile at the end of this volume; the fair copy of the manuscript can be found in *My Father*, by Peter Bartók.[1]

Dr. Paul Kecskeméti and his wife, Elizabeth Láng, a harpsichord artist, were long time friends of the composer and lived in the same apartment building in New York that became Béla Bartók's last residence. He was a frequent visitor to the Kecskeméti household and one day happened to arrive in the midst of a family quarrel over some petty matter. On the next occasion he showed up with a manuscript of this song, dedicated to Dr. Paul Kecskeméti.

He also made a fair copy on transparent music paper, using India ink — a sign that he regarded this a complete, publishable work.

The source of both melody and original text is a Ruthenian folk song:[2]

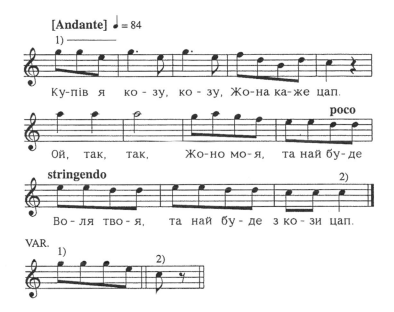

I bought a nanny goat
But the wife wants a billy goat.
Oh, all right, all right,
Have it your way
Let the billy goat turn into a nanny goat.

Doubtless both the story of dispute and subject (goat = *kecske* in Hungarian) played a part in the selection of this song for the occasion.

This was not the first time Bartók made use of this melody in a composition. It can be found in No. 24 of the 44 Violin Duos, Volume I, first violin, in a slightly different rhythmic and melodic variation.

Peter Bartók

Homosassa, Florida, July, 2002.

[1] Published by Bartók Records, Homosassa, Florida, 2002.

[2] Collected in Veresmart, Ugocsa county, pre World War I Hungary, now Slovakia, sung by girls 15-18 years old (Vera Lampert: Index to Sources of Bartók's Folksong Adaptations, Zenemükiadó, Budapest, 1980).

Előszó

Ezt a zongorakísérettel ellátott dalt a szerző humoros céllal komponálta, miután tanuja volt egy kis családi vitának. A dalt 1944-45 telén írta és ez Bartók Béla utolsó népdalfeldolgozása. Mint egyedülálló kis kompozíció, mindeddig kiadatlan maradt kotta formájában; az első vázlatot a kötet végén hasonmásban közöljük; a tisztázat megtalálható Bartók Péter *Apám* c. könyvében.[3]

Dr. Kecskeméti Pál és felesége, Láng Erzsébet, csembalo művésznő, régi barátságban voltak a zeneszerzővel és New Yorkban ugyanabban a bérházban laktak amelyik később Bartók Béla utolsó lakhelye is lett. Gyakran meglátogatta a Kecskeméti házaspárt és egy napon jelentéktelen ügyből eredő családi vita közepén érkezett hozzájuk. A legközelebbi alkalommal ennek a dalnak első, Dr. Kecskeméti Pálnak ajánlott kéziratával jelent meg.

Tisztázatot is készített, áttetsző papíron tussal írva, ami jele annak, hogy a müvet befejezettnek, kiadhatónak tekintette.

A dallam és eredeti szöveg forrása egy rutén népdal:[4]

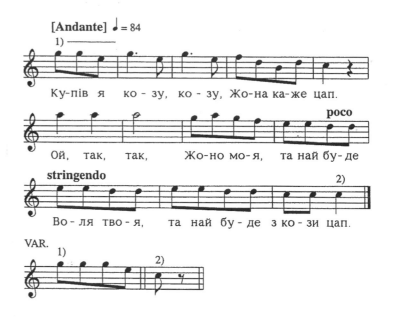

Vettem én egy nőstény kecskét,
Asszony mondja: bak.
Jaj, úgy, úgy,
Feleségem, legyen a te akaratod,
Legyen a nőstényből bak.

A dal választásában nyilván nem csak az említett esemény, hanem a megajándékozott neve is szerepet játszott.

Bartók ezt a dallamot nem először használta itt feldolgozásban. Megtalálható a 44 hegedű-duó I. kötetében, 24. szám; első hegedű, kissé más dallam- és ritmusbeli változatban.

Bartók Péter

Homosassa, Florida, 2002 július.

---

[3] Kiadta Bartók Records, Homosassa, Florida, 2002.

[4] Lelőhelye Veresmart, Ugocsa megye, énekelték 15-18 éves lányok (Lampert Vera: Bartók népdalfeldolgozásainak forrásjegyzéke, Zeneműkiadó, Budapest, 1980).

The Husband's Grief

A férj keserve

Tekintetes Tudós Kecskeméti Pál Urnak

hálás tisztelője

Bartók Béla

To the Honourable Learned Paul Kecskeméti

his grateful admirer

Béla Bartók

A férj keserve
The Husband's Grief

[Allegretto, ♩ = 120]

5 *f* Ár‑pát vet‑tem a vá‑sár‑ban, Asz‑szony mond‑ja: zab!

Bar‑ley bought I at the fair, yet wi‑fey says it's oats.

10 *mf* Úgy, úgy, úgy, é‑des ked‑ves fe‑le‑sé‑gem, Le‑gyen meg az

Well, well, well, my be‑lov‑ed wife, my dar‑ling, Be your wish at

Bartók Records 701

a - ka - ra - tod: Ár - pá - ból hát le - gyen zab!

once ful - fill - ed, *Let the bar - ley be then oats!*

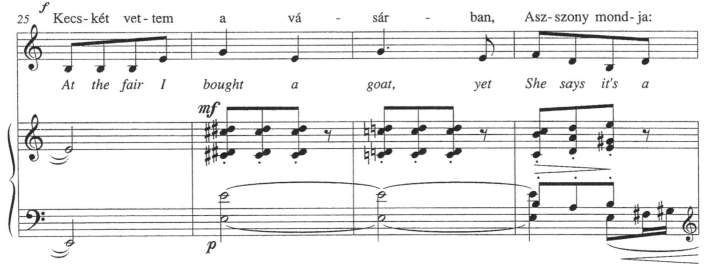

Kecs - két vet - tem a vá - sár - ban, Asz - szony mond - ja:

At the fair I bought a goat, yet She says it's a

juh! Úgy, úgy, úgy, é - des ked - ves

ewe. *Yes, yes, yes, my be - lov - ed*

34 fe - le - sé - gem, Le - gyen meg az a - ka - ra - tod: Kecs - ké - ből hát le - gyen juh!

wife, my dear-est, Let your or-der be ful-fill-ed, May a goat be - come a ewe!

39 Tyú - kot vet - tem

At the fair I

44 a vá - sár - - ban, Asz - szony mond - ja: lúd!

bought a hen, _____ yet She says it's a goose!

49 Úgy, úgy, úgy, é - des ked - ves fe - le - sé - gem, pa - ran - cso - lóm,

Ay, ay, ay, my be - lov - ed wife, my jew - el, yes, my ru - ler,

54 Le - gyen meg az a - ka - ra - tod: A tyúk - ból hát le - gyen lúd!

Your com - mand be ex - e - cut - ed: May a hen be - come a goose!

(óvatosan:) Ám még - is tyúk a tyúk! _____

(cautiously:) *Yet is a hen a hen!* _____

Notes

The manuscript contains no tempo indication and is not added. As guidance, the tempo of the violin duo derived from the same song is **Allegro scherzando**, ♩ = 144, whereas the the original song is transcribed with a tempo of ♩ = 84. The first one gives the impression of being too fast, the second one too slow. The suggested tempo falls between these.

Also missing are dynamics for the voice, with the exception of the last phrase. For the violin duo, as well as the piano accompaniment here, the starting dynamic is *f*; all others, including crescendos or diminuendos, are editorial suggestions.

Four notes in the final copy manuscript are different from what they are in the sketch.

In bar 28, piano right hand, the sketch has the chord E-G♯-E at beat 2; in the final copy the corresponding chord is E-G-E.

In bar 35, piano right hand, in the sketch the first chord is A-C♯-A, the second B-D-F♯-B. The final copy has A-C-A and B-D-F-B in the same places.

In bar 36, piano right hand, in the sketch the last chord is D-F♯-A-D, in the final copy it is D-F-A-D.

In each instance the change amounted to the omission of an accidental in the final copy. Could the composer have decided to substitute natural G, C and F in these places, or did he merely forget to add the ♯ signs? The final copy is the author's last word. However: in the last three instances at least, cautionary ♮ signs would be expected for the C and F, in view of the C♯ and F♯ earlier in each bar, even though in a different octave. Therefore, it is believed more likely that the composer, in copying, did not add the ♯ signs through oversight, also in bar 28 where the sketch has a firm ♯ sign before the G.

Jegyzetek

A kéziratban nincs tempó megjelölés és ezt közreadóilag pótoltuk. Irányadó ugyanennek a dalnak két hegedűre szóló feldolgozása; ott **Allegro scherzando**, ♩ = 144, valamint a lejegyzett dal tempója, ♩ = 84. Az elsö nagyon sebesnek tűnik, míg a második túl lassú. A javasolt tempó ezek közé esik.

Szintén hiányzik az énekhang dinamikája, az utolsó frázis kivételével. A hegedü duóban valamint itt a zongorakíséretben a kezdö dinamika *f*; a többi is, beleértve a crescendo vagy diminuendokat, közreadói javaslat.

Az első vázlat és tisztázat kézirat közt négy hang eltérés van, éspedig:

28. ütem, zongora jobbkézben az utolsó akkord E-Gisz-E a vázlatban, E-G-E a tisztázatban.

35. ütem, zongora jobbkézben az első akkord A-Cisz-A, a második H-D-Fisz-H a vázlatban, ezek A-C-A, illetve H-D-F-H a tisztázatban.

36. ütem, zongora jobbkézben az utolsó akkord D-Fisz-A-D a vázlatban, D-F-A-D a tisztázatban.

Mindegyik esetben a különbség egy módosítójel hiánya a tisztázatban. Lehetséges, hogy a szerző szándékosan megváltoztatta ezeket a hangokat, vagy csupán kifelejtette kereszteket? A tisztázat a szerző utolsó kezevonása. Mégis, az utóbbi három esetben legalább figyelmeztető feloldójelet várhatnánk a C és F elött, tekintettel az ütemekben már előzőleg szereplő Cisz és Fisz hangokra, noha más oktávban. Ilyenmódon valószínűbbnek látszik, hogy a szerző másoláskor kifelejtette a kereszteket; szintén a 28. ütemben, ahol az említett G előtt határozott kereszt áll.

Manuscript facsimile

(Scale: 0.75 :1)

Tekintetes Tudós Kecskeméti Pál Urnak
hálás tisztelője
Bartók Béla

A férj keserve

PARCHMENT BRAND Nº 13-16 lines   Printed in U.S.A.   Estate Béla Bartók   Belwin Inc. New York, U.S.A.

2

Estate
Béla Bartók

In the catalog of Bartók Records

All works by Béla Bartók unless otherwise noted

<u>Sheet music</u>

Cadenzas (Cca 1939)
    to Concerto for Two Pianos and Orchestra in E♭ major by W. A. Mozart, K.365
        prepared for publication by Nelson O. Dellamaggiore,
        with an introduction by Ferenc Bónis   BR 700

Fifteen Hungarian Peasant Songs
    corrected and edited by Peter Bartók   BR 702

Allegro Barbaro, for piano
    corrected and edited by Peter Bartók   BR 703

Ten Hungarian Songs for voice and piano (1906)
    prepared for publication by Nelson O. Dellamaggiore   BR 705

Petite Suite, for piano
    corrected complete edition   BR 706

Out of Doors, for piano
    the complete cycle of five pieces   BR 704

Duke Bluebeard's Castle, study score of the opera
    corrected, with Hungarian and English text   BR 610

Duke Bluebeard's Castle, vocal-piano score
    corresponds to the above   BR 612

        Sales of some of the above items are subject to territorial restrictions

<u>Manuscript facsimiles</u>

Viola Concerto, sketches (1945)
    includes also engraved fair copy prepared by Nelson O. Dellamaggiore
    with an introduction by László Somfai   BR 800

Liebeslieder (1900)
    with an introduction by Ferenc Bónis   BR 801

<u>Books</u>

My Father, by Peter Bartók   BR 500

Turkish Folk Music from Asia Minor
    revised according to the manuscript   BR 501

The Hungarian Folk Song
    corrected edition   BR 502

More books, CD and LP (vinyl) records are listed at our website

Bartók Records, P. O. Box 399, Homosassa, Florida 34487

www.bartokrecords.com